BEI GRIN MACHT SICH IHR
WISSEN BEZAHLT

Nika G.

Idealismus vs. Realismus am Beispiel von Eichendorff „Der Jäger Abschied" & Erich Fried „Neue Naturdichtung"

Bedeutung von Lyrik

GRIN Verlag

Bibliografische Information der Deutschen Nationalbibliothek:

Die Deutsche Bibliothek verzeichnet diese Publikation in der Deutschen National-
bibliografie; detaillierte bibliografische Daten sind im Internet über http://dnb.d-
nb.de/ abrufbar.

Impressum:

Copyright © 2011 GRIN Verlag GmbH
Druck und Bindung: Books on Demand GmbH, Norderstedt Germany
ISBN: 978-3-656-57285-5

Dieses Buch bei GRIN:

http://www.grin.com/de/e-book/266596/idealismus-vs-realismus-am-beispiel-von-
eichendorff-der-jaeger-abschied

GRIN - Your knowledge has value

Der GRIN Verlag publiziert seit 1998 wissenschaftliche Arbeiten von Studenten, Hochschullehrern und anderen Akademikern als eBook und gedrucktes Buch. Die Verlagswebsite www.grin.com ist die ideale Plattform zur Veröffentlichung von Hausarbeiten, Abschlussarbeiten, wissenschaftlichen Aufsätzen, Dissertationen und Fachbüchern.

Besuchen Sie uns im Internet:

http://www.grin.com/

http://www.facebook.com/grincom

http://www.twitter.com/grin_com

„Der Lyriker bringt seine Gefühle zum Markt wie der Bauer seine Ferkel."

Wilhelm Busch (1832-1908) spricht in seinem Zitat zunächst den emotionalen Einfluss des Autors auf die Lyrik an. Sowohl Dichter als auch Leser können ihr Verhalten und Handeln mithilfe lyrischer Texte reflektieren. Ein Beispiel bietet Goethes Gedicht „Neue Liebe, neues Leben", in der die Reflexion des lyrischen Ichs über eine Liebesbeziehung, welche es als Einengung empfindet thematisiert wird. So wird auch dem Leser eine Reflexionsmöglichkeit bezüglich seiner eigenen Erfahrungen geboten. Vor allem aber der junge Goethe selbst verarbeitet eigene Erfahrungen in seinen Gedichten, wie er es selbst über seine Sesenheimer Lieder schrieb: „Unter diesen Umgebungen trat unversehens die Lust, zu dichten, die ich lange nicht gefühlt hatte, wieder hervor. Ich legte für Friederike manche Lieder bekannten Melodien unter." Diese Gefühle aber werden - laut Busch - „zum Markt gebracht". Das heißt, dass Texte bewusst vom Autor *gemacht* werden, um eine bestimmte Intention an den Leser zu überbringen. So war es bei Kafka, dass er beispielsweise seinen Tagebucheintrag in eine Parabel (*plötzliche Spaziergang*) umschrieb, um bewusst den Leser zu erreichen und auch ihm einen Anreiz bei seinem persönlichen Selbstfindungsprozess zu geben. Deutlich macht das Zitat Buschs, dass es einerseits Funktion der Lyrik ist, den Leser zur Selbstreflexion zu bewegen, andererseits dient es dem Verfasser, seine eigenen Gefühle und Empfindungen zu verarbeiten. Wie es bereits Peter Fröhling formulierte, müsse man Idealist und Realist zugleich sein, um jedes von beiden richtig zu sein. Sowohl idealistische als auch realistische Strömungen sollten expressive und persuasive Kunst vereinbaren, um eine nachhaltige Wirkung zu erzielen. All diese Strömungen sind allerdings erst im Nachhinein in ein Muster konstruiert worden und somit nicht zu pauschalisieren. Verallgemeinernd kann man von einem roll-back Prinzip zwischen Idealismus und Realismus sprechen. Der Wandel der epochalen Literaturströmungen, basiert auf den historischen Ereignissen der Zeit, durch welche das Leben der Menschen geprägt wird. Falsch wäre es eine Grenze zwischen Idealismus und Realismus zu ziehen, da sich die Problematiken der Menschheit im Wandel der Zeit nicht verändert. Was sich ändert, ist einzig der Umgang mit diesen

Problemen. Während sich die emotive Funktion oberflächlich betrachtet der Romantik zuordnen lässt, so ist die appellative Funktion in der Moderne wiederzufinden. Doch genauso, wie sich emotive und appellative Funktion (vgl. *Oragon-Modell nach Karl Bühler*) ergänzen, kann auch zwischen den Epochen Romantik und Moderne keine strikte Grenze gezogen werden. Auch bei dem Vergleich des Gedichtes „Der Jäger Abschied" (Joseph von Eichendorf), welches während der Epoche der Romantik entstand, mit dem Gedicht aus der Moderne „Neue Naturdichtung" (Erich Fried) werden neben den epochalen Unterschieden auch einige Parallelen erkennbar. In meinem Aufsatz werde ich folgend die beiden Gedichte hinsichtlich Unterschiede und Gemeinsamkeiten untersuchen und daran anknüpfend abstrahierend auf die Aufgabe von Lyrik eingehen.

Das 1810 veröffentlichte Gedicht Eichendorfs thematisiert anhand der beiden Dichotome Realität und Utopie den Lebensweg des lyrischen Ichs und dessen Wandel. Das lyrische Ich sehnt sich nach seiner Jugend, ist sich aber dabei dem Schein der Idylle bewusst und wendet sich daher schwermütig von seiner idealisierten Vergangenheit ab, um seine neu gewonnenen Erfahrungen in der Realität (bzw. Zukunft) umsetzen zu können. Der Glaube an Gott dient ihm dabei als Wegweiser für seine Lebensführung.

Bereits die Überschrift „Der Jäger Abschied" des Gedichtes aus dem Jahre 1810 verrät, dass es sich hier um eine Veränderung handelt, welche einen neuen Abschnitt einleitet. Auffällig werden zwei unterschiedliche Lebenssichtweisen. Zum einen wird ein utopisches Bild des Waldes kreiert. Zum anderen wird dem die Realität, durch die die aufgebaute Idylle zerstört wird, gegenüber gestellt.

In der ersten Strophe wird die Natur vergöttlicht. Deutlich wird, dass das lyrische Ich seinen Lebensweg reflektiert. Denn der Wald steht hier symbolisch für die scheinbar unbeschwerte Kindheit des lyrischen Ichs, von der er sich nun aber mit den Worten „Lebe wohl, du schöner Wald" *(vgl. V. 5f+11f+17f+23f)* verabschiedet. Die im ersten Vers gestellte Frage ist eine rhetorische, wodurch die Vergöttlichung des Waldes akzentuiert wird, da ein Wald bzw. die Natur an sich *entsteht* und nicht von jemandem oder etwas geformt wird. Auch nimmt das lyrische Ich eine Wertung mit der Formulierung „hoch da droben" *(V. 2)* vor, wodurch der Wald erneut als etwas Übermenschliches dargestellt wird. Gleichzeitig wird der Symbolcharakter des Waldes verdeutlicht, da dieser in seiner Übernatürlichkeit für die Sehnsucht nach der

Ferne des lyrischen Ichs steht. Auch befindet sich der Wald so näher am Himmel und liegt damit näher bei Gott, womit er wiederholt als ein Werk Gottes bezeichnet wird. Die Anwesenheit Gottes scheint für das lyrische Ich von großer Bedeutung zu sein, da er sowohl zu Beginn des Gedichtes *(V.3)* als auch am Schluss erwähnt wird *(V.24)*. Somit geht es hier nicht alleine um den irdischen Lebensweg des lyrischen Ich, sondern auch um sein Leben im Jenseits, was im Vers 4 zum Ausdruck kommt. Denn hier dankt das lyrische Ich Gott, für sein scheinbar unbeschwertes vergangenes Leben. Gemeint könnte hier auch der Tod des lyrischen Ichs gemeint sein, weshalb es nun sein Leben zu reflektieren scheint. Der Erzähler macht sich also Gedanken um seine Zukunft, in der eine Wende erwartet und welche in Kontrast zu seiner sorgenfreien Vergangenheit steht. Erneut kann diese Wende als das Lebensende bzw. der Beginn des Lebens nach dem Tod aufgefasst werden. Die Wortwahl „aufgebaut" *(V.2)* zeigt die Bedeutsamkeit des Waldes für das lyrische Ich. Es sieht den Wald nicht als selbstverständlich an, sondern bewundert die Vollkommenheit dessen. Die idyllische Grundstimmung wird unterstützt durch den harmonisch klingenden vierhebigen Trochäus, durch welchen Akzent auf das Personalpronomen 'dich' *(V. 3)* gesetzt wird. Diese Apostrophe zeigt, dass es sich hier um eine Traumvorstellung des lyrischen Ichs handelt, da es vom Wald keine Antwort erwarten kann. Die letzten zwei Verse sind in allen Strophen, mit Ausnahme der letzten, gleich. Durch die Anapher „Lebe wohl" *(V.5f)*, wird hier die Wehmut des lyrischen Ichs deutlich. Dennoch ist es entschlossen, dieses Paradies zu verlassen. Für das lyrische Ich beginnt nun ein neuer Lebensabschnitt. Gemeint ist der Tod des lyrischen Ichs, welchen dieses aber nicht mit Angst und Befangenheit entgegentretet, sondern mit Hoffnung und Entschiedenheit.

Die Entschlossenheit wird auch durch die Exclamatio am Ende jeder Strophe akzentuiert.

In der zweiten Strophe wird nun der Kontrast des idyllischen Waldes zur „verworrenen Welt" *(V. 7)* gezogen. Die Realität, welche durch die „Welt" *(V.7)* symbolisiert wird, wird demnach chaotisch und fehlerhaft im Gegenzug zum vollkommenen Wald dargestellt. Das lyrische Ich meint den Verlust der Idylle im realen Leben. Ein Beispiel bietet hier auch die Urbanisierung, durch die es zunehmend zu einer Landflucht kam, wodurch die Natur für die Menschen an Bedeutung verlor und das Materielle immer mehr in den Fokus der menschlichen

Lebensführung rückte. Der Kontrast zum Wald wird vor allem durch den Gegensatz „tief" *(V.7)* und „oben" *(V. 8)* geschaffen. Diese Gegenüberstellung wird sprachlich dadurch verdeutlicht, dass diese beiden Wörter untereinander stehen. Durch die Lage des Waldes wirkt dieser unerreichbar, wodurch klar wird, dass es sich allein um ein Gedankenkonstrukt des lyrischen Ichs handelt und der Wald somit in *der* Form nicht existent sein kann. Die Idylle wird selbst von Jägern nicht durchbrochen, da diese, anstatt die Rehe zu erschießen, wie es zum Aufgabenbereich der Jäger gehört, diese „einsam" zurücklassen *(V. 8)*. Rehe stehen symbolisch für Scheue und Verletzbarkeit. Die Jäger wenden sich also von ihren zerbrechlichen Charaktereigenschaften und damit von ihrer Kindheit ab. Auch im Märchen 'Brüderchen und Schwesterchen' steht das Reh für den Entwicklungsprozess der Kinder zum Erwachsensein, sowie für die Erkenntnis der bitteren Realität. Paradox ist hier, dass das Wort „einsam" im Zusammenhang mit der Mehrzahl des Wortes 'Reh' steht. Betont soll so der Gegensatz von Mensch und Paradies werden, in welches der Mensch nicht hingehört, wie es uns bereits die Bibel mit der Schöpfungsgeschichte lehrt. Dadurch wird erneut die Bedeutung der Religion für das lyrische Ich auf seinem Lebensweg ersichtlich. Durch diese melancholisch wirkende, wie auch schwermütige Aussage wird das idealisierte Weltbild, mittels dieser Verwendung der romantischen Ironie, nichtig gemacht. Gleichzeitig wird mittels des Gegensatzes von Mensch und Natur Kritik an der Menschheit geübt, welche die Idylle der Natur bedrohe. Menschen scheinen demnach nicht in den Wald zu gehören. Während es in der ersten Strophe noch um eine Person ging, wird nun klar, dass der Erzähler Teil einer Jägergruppe ist. Diese verlassen den Wald und 'blasen', sodass es 'tausendfach verhallt' *(V.9f)*. Der Wald ist somit unbewohnt und leer, womit die Idylle des Waldes und die Weite der Natur akzentuiert werden. Obwohl es sich um Jäger handelt, werden die Tiere unberührt gelassen, um die Natur beizubehalten und zu bewahren. Der Wald ist frei von jeglicher Gewalt. Für das Paradies scheint der Mensch nicht geschaffen zu sein, da er das Bild der Vollkommenheit durchbricht. Daher beschließen die Jäger, diese zu verlassen. Angespielt wird hier erneut auf die Schöpfungsgeschichte, bei der die Menschen aus dem Paradies aufgrund Eigennützigkeit vertrieben werden. Dies kann man entwicklungspsychologisch aber auch als Notwendigkeit ansehen. In Bezug auf das Gedicht ist somit die Unumgänglichkeit des Lebensendes und damit einhergehend das Verlassen des idyllischen Waldes – sprich des Lebens – gemeint. Denn die Vergänglichkeit des Leben liegt in der Natur des Menschen und kann nicht beeinflusst werden.

Die Jagd passt nicht in das utopische Bild des Waldes, entspricht allerdings der Realität. Geht man davon aus, dass der paradiesische Zustand die Kindheitserinnerungen des lyrischen Ichs darstellt, so handelt es sich um den Prozess des lyrischen Ichs, in die Zukunft zu blicken und erwachsen zu werden. Allerdings ist im Gegensatz zu der unbeschwerten Kindheit das gegenwärtige Leben geprägt von kriegsähnlichen Zuständen. Angespielt wird hier auf den historischen Kontext, welcher geprägt war von den sich langsam anbahnenden Befreiungskriegen. Das lyrische Ich steht im Zwiespalt mit sich selbst und durchläuft einen Gedankenprozess. Beim Blick nach vorne sieht es ein „Banner, der so kühle wallt" *(V. 13)*. Die Kriegsfahne symbolisiert die Entschlossenheit des lyrischen Ichs, den neuen Lebensabschnitt, welcher möglicherweise auch problematisch und weniger sorgenfrei ist, auf sich zu nehmen und zu bewältigen. Gleichzeitig ist dieser etwas Bedrohliches und etwas nicht Voraussehbares, denn das Banner steht neben der Entschlossenheit auch für Kampf. Das lyrische Ich ist unsicher, da es nicht weiß, was auf dieses zukommt, daher ist allein von der Wunschvorstellung eines paradiesischen Zustandes, welches das lyrische Ich scheinbar in seiner Kindheit empfunden hat, die Rede. Diese Vorstellung zeugt gleichzeitig von kindlicher Naivität, was beispielsweise dadurch bewiesen wird, dass die Jäger die Tiere des Waldes nicht für Selbstzwecke erschießen, nur um die Idylle der Natur zu bewahren.

In der dritten Strophe wird mittels der romantischen Ironie, welche durch die inhaltliche Zäsur zum Ausdruck kommt, die traumhafte Vorstellung des Waldes nichtig gemacht. Diese Zäsur zieht einen starken Kontrast zwischen Utopie und Realität. Dass das Personalpronomen in der ersten Person Plural steht, spricht dafür, dass ein jeder diesen Lebensprozess zu durchlaufen hat. Auch könnte damit wieder auf die Urbanisierung angespielt werden, welche viele Menschen vom Leben in der Stadt abhängig machte und sie andererseits um die Existenzgrundlage beraubte. Die Realität steht in Kontrast zur Traumvorstellung bzw. zur idealisierten Erinnerung. Dass es sich bei der Beschreibung des Waldes um die Vergangenheit des lyrischen Ichs handelt, beweisen vor allem die Verse 14ff. Hier heißt es, der Wald habe die Jäger auferzogen. Der Wald ist ein Dichotom zur Rationalität, was durch die Formulierung „Frommer Sagen Aufenthalt" *(V. 16)* verbildlicht wird. Eine Sage ist eine mündliche Überlieferung von fantastischen und irrealen Ereignissen und hat einen starken märchenhaften Charakter. Klar wird dadurch, dass auch dem lyrischen Ich die Unerreichbarkeit des Sehnsuchtsbildes des Waldes bewusst ist, da dieses alleine eine Wunschvorstellung darstellt. Der Wald scheint der Ort der asketischen Lebensführung zu sein, da die sittenhafte Erziehung angesprochen wird *(V.15)*. In seiner Erinnerung schwelgend, wird alles in der Vergangenheit geschehene idealisiert. Denn der Wald habe die Jäger „*treu* auferzogen" *(V. 15)*. Das lyrische Ich sehnt sich nach dieser Zeit, in der es so eng mit der Natur in Verbindung stand - also die Zeit seiner Kindheit - zurück. Wie auch in zahlreichen Märchen, wie Rotkäppchen oder Hänsel und Gretel scheint der Wald der Ort des Wandels und der persönlichen Erfahrungen und Lebensumstellungen zu sein. Das lyrische Ich reflektiert sein Leben und weiß nun, dass es sich von seiner Vergangenheit zu lösen hat. Die Formulierung in der letzten Strophe „Still gelobt" *(V.19)* wirkt zunächst paradox. Gemeint ist, dass die Schönheit des Waldes bzw. des Lebens dem Menschen oft nicht bewusst ist und sie diese daher nicht laut loben können, weil die Menschen immer nach etwas Größerem zu greifen versuchen, was aber unerreichbar ist und sich daher auch nicht auf das Gegebene und Gegenwärtige konzentrieren und dieses wertschätzen können. Der zweite Vers der letzten Strophe thematisiert das Bestreben des lyrischen Ichs, seine Erfahrungen, welche es im Wald, sprich in seinem vergangenen Lebensabschnitt machte, auf sein zukünftiges Leben zu übertragen. „Draußen" *(V. 20)* meint das Leben außerhalb des Waldes – also die Realität. Der Wald ist ein Lebensabschnitt des lyrischen Ichs, welches ihn von der Kindheit zum Erwachsenendasein führt. Der vierte Vers der letzten Strophe ist eine Steigerung zum ersten Vers der dritten Strophe. Während es in der dritten Strophe um einen „Banner" *(V.13)* ging, so ist es nun ein „Deutsch Panier" *(V. 22),* welches nicht mehr kühle, sondern 'rauschend wallt' *(V.22)*, wodurch dem Gedicht ein kriegerischer Charakter verliehen wird und somit die weniger sorgenfreie Realität vor Augen geführt wird. In Vers 3 der letzten Strophe ist die Rede von den Alten, welche ewig treu bleiben *(V.21)*. Mit den „Alten" sind die Bäume des Waldes gemeint, welche die Ewigkeit symbolisieren. Übertragen auf den Lebensprozess des Lyrischen Ichs, meint dies die Lehre, welche das lyrische Ich aus seinen Erfahrungen in seiner Kindheit (bzw. im Wald) mitnimmt und die ihn für die Ewigkeit prägen. Diese bestehen darin, nicht in die utopische Welt zu flüchten und stattdessen es anzustreben, das reale Leben möglichst sorgenfrei zu gestalten. Das lyrische Ich steht vor einer Herausforderung in seinem Leben – nämlich vor dieser, das irdische Leben zu beenden und sein Leben im Jenseits weiter zu führen. In diesem Ziel scheint das lyrische Ich immer entschlossener zu werden. Gleichzeitig aber darf der Glaube an Gott nicht verloren gehen, was der letzte Vers der vierten Strophe zeigt. Da das lyrische Ich nun den Weg zum Reich Gottes einschlägt, soll Gott sich „schirmen" *(V. 24)*. Die Utopie darf somit nicht vollends nichtig gemacht werden, sondern noch im Glauben an Gott erhalten bleiben. Anders als die ersten drei Strophen endet diese mit den den Worten „Schirm dich Gott, du schöner Wald", um das Wirken Gottes zu betonen, welches in allen Lebenslagen präsent sein sollte. Auch wenn der Mensch sich von der sittenhaften Erziehung löst, soll Gott beständig bleiben und die Menschheit begleiten. Die idealisierte Vorstellung des Waldes ist genauso eine Konstruktion, wie der Glaube an eine höhere Instanz. Dennoch ist es falsch, zu versuchen sich komplett von dieser zu trennen, um nicht an einem nihilistischen Weltbild zu zerbrechen.

Im Gegenzug zu diesem Gedicht, welches in die Epoche der Romantik einzuordnen ist, steht Erich Frieds Gedicht „Neue Naturdichtung". Thematisiert wird hier die Kritik an der Eigennützigkeit des Menschen, wie auch die Ironisierung an der durch den Menschen zerstörten Natur.

Das Gedicht basiert, anders als „Der Jäger Abschied", allein auf Rationalität und nicht auf Empfindungen. Ziel ist es nicht, die eigenen Gefühle zu komprimieren sondern einen Appell an den Leser zu übermitteln. Das Gedicht ist frei von jeglichen idyllischen Vorstellung der Natur, da der Mensch die Natur ihrer Schönheit beraubt. Viel eher geht es somit um die Kritik gegenüber der Gesellschaft, welche die Natur nicht mehr wert schätzt *(Vgl. Vers 14f „Wenn wir hinauskommen, sind sie vielleicht schon gefällt")*. Der in Ironie gehüllte Wunsch über die „Tannen am Morgen" zu schreiben, ist ein nicht zu erfüllender, da es keine Tannen mehr gibt. Der Wald als Zufluchtsort ist zerstört. Während es im Gedicht von Eichendorff um die Vollkommenheit des Waldes geht, so wird hier die Zerstörung dessen thematisiert. Ebenfalls handelt es sich um die Sehnsucht nach der Natur *(vgl. Vers 4 „...und das er lieber über die Tannen am Morgen schreiben sollte")*. Die Natur gibt dem Menschen schon lange keinen Zufluchtsort. Während der Wald bei Eichendorff einen stark abstrakten Symbolcharakter hat, so ist dieser in Frieds Gedicht wörtlich zu nehmen, da hier die Zerstörung der Natur durch den Menschen dargestellt wird. Selbst wenn das lyrische Ich sich bemühen würde, die Gesellschaftskritik zu umgehen, würde dies durch die fehlerhaften Lebensweise der Gesellschaft nicht funktionieren *(vgl. Vers 1ff)*. Das lyrische Ich thematisiert die Unrealisierbarkeit, in eine utopische Wunschvorstellung fliehen zu können, da der Mensch allein nach seinen persönlichen Vorteilen strebt und dabei seine Umgebung außer Acht gelassen wird *(vgl. Vers 18 „weil irgendein Spekulant den Boden gekauft hat")*. Die Zerstörung des Waldes steht für die Vergänglichkeit des Irdischen und die Fatalität der Tatsache, dass diese Vergänglichkeit alleine der menschlichen Hand zuzuschreiben ist *(vgl. V.15)*. Kritisiert wird also auch, dass der Mensch in seiner Machtgier und Eigennützigkeit die Natur zerstört, anstatt dieses Geschenk, was der Menschheit schon von Beginn seiner Zeit an gegeben wurde, anzunehmen. Nicht bewusst ist es den Menschen, dass die Natur die herrschende Gewalt auf Erden ist und nicht der Mensch. Viel mehr war der Mensch dafür bestimmt, diese zu ergänzen und aufrecht zu erhalten. Doch der Respekt geht immer mehr verloren, da der Mensch verlernt hat, sich mit dem zufriedenzugeben, was ihm gegeben wurde. Ausgenutzt wurde das Geschenk der Natur und als Werkzeug des Menschen missbraucht, wobei man übersah, dass man mit dem Schaden, den man bei der Zerstörung dieser, nicht nur den Bäumen schadet, sondern auch den Menschen selbst. Die unglückliche und aggressive Stimmung des lyrischen Ichs ist ein Beispiel der Konsequenzen des vom Egoismus geprägten Lebensstils der Menschen. All das, was man als selbstverständlich ansieht, erscheint wertlos. Während die Natur in Frieds Gedicht zerstört wird, so geht es in Eichendorffs Gedicht um den Idyllischen Erhalt dieser. Trotzt unterschiedlicher Auffassungen des Waldes ist in beiden Gedichten der Appell gleich, welcher darin besteht, die Natur zu bewahren und zu schätzen. Das Gedicht Frieds ist frei von jeglichen positiven Emotionen. Eher wirkt es aggressiv und sarkastisch. Auch findet der Übermenschliche, sprich der göttliche Aspekt keinen Platz mehr in Frieds Werk. Eichendorffs Auffassung des Waldes ist hingegen geprägt von dem göttlichen Schein.

Der Mensch baut sich durch die Zerstörung der Natur eigene Hindernisse auf seinem Lebensweg und hindert sich selbst durch das materialistische Denken daran, das Glück zu finden und mit sich selbst und der Welt in Einklang zu kommen. Diese Melancholie wird in Frieds Gedicht, vor allem durch das Spiel zwischen Realität und Gedankenkonstrukt verdeutlicht. Das Lyrische Ich spielt mit dem Gedanken, sich in die Natur fahren zu lassen, um Inspiration für das Schreiben zu finden. Auch diese

Aufbruchstimmung ist frei von aller Utopie. Denn die Ferne zur Natur wird dadurch ersichtlich, dass das lyrische Ich sich nicht zu Fuß auf den Weg macht, sondern sich fahren lässt. Auch fährt es nicht selbst zum erwünschten Ort, sondern es wird chauffiert, wodurch sein Vorhaben in den Wald zu fahren entromantisiert wird. Dass das es sich allerdings gar nicht auf den Weg macht, weil dies reine Zeitverschwendung wäre, wird durch den Konjunktiv deutlich *(vgl. 19 „das wäre zwar traurig").* Die zweite Strophe des Gedichtes ist hingegen im Indikativ verfasst, sodass Inhalt und Sprache im Gegensatz zueinander stehen, womit der Sarkasmus des Gedichtes untermauert wird. Eichendorffs Gedicht basiert hauptsächlich auf Emotionen, welche die Sehnsucht des lyrischen Ichs verkörpern. Der Wald hat hier für das lyrische Ich die Funktion des Schutzes, steht aber auch für die Lebenserfahrungen. Während bei Eichendorf der Wald die Inspiration für den Gedankenprozess und das Schreiben des Gedichtes war, so muss nun laut Fried nach der Natur gesucht werden. Der „Erzähler" in Frieds Gedicht versucht sich die Idylle des Waldes vergeblich zu erkämpfen *(vgl. 20ff).* Einerseits ist das romantische Denken in der materialistischen Welt nicht mehr vorstellbar, andererseits ist die Vorlage für eine verträumte Gedankenreise in den Wald durch die Abholzung verlorengegangen.

Auch auf formaler Ebene lassen sich viele Unterschiede erkennen. Anders als Eichendorffs Gedicht, weist Frieds weder Reimschema noch Versmaß auf. Dieser offene Schreibstil war typisch für die Epoche der Moderne, da es hier einen Wandel im Kunstverständnis gab und auch in der Sprache mehr Freiheiten genutzt wurden. Anders als beispielsweise in der Epoche des Barockes, in der sich die Autoren nach klaren Motiven, wie der Sonettform oder der durchgehenden Verwendung des Alexandriners, richteten. Auch im Inhalt wird in „Neue Naturdichtung" diese moderne Kunstauffassung deutlich, da das lyrische Er hier direkt den Leser anspricht und auch in direkter Verbindung zum Autor steht, da er über dessen Schreibprozess selbst schreibt. Durch diese Distanzierung des Sprechers im Gedicht wird der Leser in das Gedicht mit einbezogen, um die Betroffenheit des Lesers bezüglich der Thematik ersichtlich zu machen.

Eichendorffs romantisches Gedicht hingegen folgt klaren – für die Romantik typischen – Richtlinien und hat ein durchgehendes Versmaß, wie auch ein einheitliches Reimschema. Auch findet der Knittelvers *(V. 4)* Verwendung, wodurch die Konstruktion in die vorgegebene Form deutlich wird.

Die Sehnsucht nach der Ferne, welcher hier als typisch romantischer Schwellenzustand dargestellt wird, war ein typisches Motiv der Romantik, wie es aus Eichendorffs Gedicht mittels der paradiesischen Darstellung des Waldes sehr deutlich hervorkommt. In der Moderne hingegen wurde eher die traditionelle Symbolik naturmagischer Bilder mit der Bedrohung in Verbindung gebracht. So auch bei „Neue Naturdichtung", bei der die Vernichtung des Waldes durch den Menschen angeprangert wird. Der Eskapismus, welcher in „der Jäger Abschied" sehr deutlich zum Ausdruck kommt, war ebenfalls ein typisches Motiv in der romantischen Bewegung. Die Romantiker sahen den Wandel der Urbanisierung als einen Verlust der Idylle an und flohen daher in eine Fantasiewelt. So auch das lyrische Ich in Eichendorfs „Der Jäger Abschied", welches sich eine Traumwelt konstruiert, um auf seinem Wege zu sich selbst finden zu können. Dieser Individualitätsprozess ist ebenfalls ein Merkmal der Epoche. Statt eines persönlichen und auf die Emotionen fokussierenden Gehaltes, steht im modernen Gedicht die Gesellschaftskritik im Zentrum. Lyrik in der Moderne sollte vor allem eine belehrende Funktion aufweisen, welche auf das Gedichts Erich Frieds zutrifft, da er gekonnt mittels Sarkasmus die Fehler der materialistischen und ichbezogenen Gesellschaft aufzeigt. Zu beachten bleibt, dass sich die Motive der Gedichte nicht pauschalisierend auf die jeweiligen Epochen konstruieren lassen, da die epochalen Einteilungen im Nachhinein den Zeitströmungen zugeordnet und verallgemeinert wurden. Beispielsweise weist „Neue Naturdichtung" durchaus auch romantische Züge auf, indem das lyrische Ich in seiner Erbitterung seine Sehnsucht nach der reinen Natur Preisgibt. Im Gedicht „Der Jäger Abschied" lassen sich seinerseits auch moderne Motive, in Form der Gesellschaftskritik, erkennen. Das Gedicht Eichendorffs weist eher eine emotive und expressive Funktion auf, während Frieds Gedichts appellativ und persuasiv erscheint. Allerdings gibt es auch genauso wie in den Motiven der Epochen Überschneidungen. Auch Frieds Text ist nicht losgelöst von Emotionen. Anders als bei Eichendorf, sind diese keine erwartungsvollen, sondern negativ besetzten. Zwar steht hier die Gesellschaftskritik im Vordergrund, doch sind auch in dem Gedicht individuelle Emotionen erkennbar. Durch rhetorische Fragen *(Vers 12)* und dem Einsatz von Sarkasmus wird die Frustration des Erzählers deutlich. Eichendorfs Gedicht weist ebenso Gesellschaftskritik auf, auch wenn diese nicht wie bei Fried die Kernaussage bildet.

Expressiv geprägte Lyrik dient der Reflexion des eigenen Handels. Der Autor lässt in seinen Gedichten eigene Erfahrungen in seine Texte mit einfließen, um diese zu verarbeiten *(vgl. Goethe : Sesenheimer Lieder).* Denn wie Kupke es formulierte „Lyrik ist Sprache in die Seele gemalt". Lyrik und Seele sind somit untrennbar von einander abhängig. Denn mittels lyrischer Texte kann die Seele widergespiegelt werden, und ohne die menschlichen Emotionen gäbe es auch die Lyrik nicht. Durch die Lyrik – aber auch durch andere Arten der Kunst – kann der Mensch einen emotionalen Ausgleich zur bitteren Realität schaffen, indem er sich eine unbeschwerte Welt als Zufluchtsort konstruiert. Lyrik ist somit eine Art Selbsttherapie für den Menschen und hilft ihm bei der Selbstfindung. Durch das Eintauchen in eine irreale Welt macht sich der Mensch zum Betrachter seiner selbst und kann so seine Handlungsweisen überdenken und aus möglichen Fehlern lernen. Dies gilt nicht nur für den Schreiber, sondern auch für den Rezipienten des Gedichtes, welcher durch die Emotionen mit dem lyrischen Ich mitfühlt und seine Entscheidungen mit seinen eigenen vergleichen und überdenken kann. Somit hat die expressive Lyrik den Zweck, Schreiber und Leser zur Selbstreflexion zu bewegen und ihn bei seinem Selbstfindungsprozess zu unterstützten.

Die eher persuasiv geprägte Lyrik erfüllt die Funktion, den Leser mittels der Kritik an der Gesellschaft im Allgemeinen oder auch an den jeweiligen politischen Bewegungen zu belehren und ihn zum Nachdenken anzuregen. Angesprochen werden hier nicht rein individuelle Problematiken, sondern aufs Kollektiv bezogene. Auf diese soll die persuasive Lyrik hinweisen, um eine mögliche Umstrukturierung in der Gesellschaft zu bewirken. Natürlich kann durch die Veröffentlichung eines Textes nicht die Gesellschaft zum Besseren bekehrt werden, aber zumindest ist ein Grundbaustein dann damit geschaffen. Der Mensch schafft sich seine eigenen Probleme oftmals selber und muss diese danach wieder ausbessern. Dies zeigt Frieds Text sehr deutlich, da sich der Mensch das Geschenk der Natur zu Nutze macht, allerdings im rein materialistischen Sinne, womit er sich selber etwas sehr Wertvolles nimmt. Persuasive Lyrik vermittelt einen deutlichen Appell an den Leser, womit der Autor von seiner Meinung zu überzeugen versucht.

Sowohl expressive als auch persuasive Texte haben somit eine belehrende Funktion, wobei diese bei persuasiven Texten eher der Intention des Autors entspricht. Bei der expressiven Form lernt der Leser sozusagen sich selbst kenne. Daher ist diese Form der Lyrik meiner Meinung nach effektiver, da der Leser auch von dieser lernt, ohne sich bewusst auf einen Lernprozess einzustellen. Er nimmt die Aussage der Lyrik war und verändert womöglich seine Sicht der Dinge. Erst wenn der Mensch mit sich selbst im Einklang ist, kann er auch sein Umfeld versuchen zu verbessern. Der Interpretationsspielraum bei Lyrik ist oftmals so groß, sodass sich der Leser mit den Charakterzügen des lyrischen Ichs identifizieren kann. Selbst wenn die Interpretation eine andere ist, als der Autor es im Sinne hatte, so erfüllt die Lyrik dennoch ihre belehrende Aufgabe. Fried versucht durch die Kritik in seinem Gedicht, den Leser zum Nachdenken und Handeln zu animieren. Allerdings ist es schwer, in der heute eher expressiven Gesellschaft dies zu erreichen, wo doch „der Eigennutz den Menschen treibt" (Kleist).

Festzuhalten bleibt somit, dass persuasive Lyrik sehr wichtig und belehrend ist. Allerdings ist zu beachten, dass der Mensch einer expressiven Gesellschaft durch emotional fesselnde Texte eher zu erreichen ist. Im Endeffekt muss Lyrik beide Funktionen erfüllen, um Wirkung zu zeigen. Ein rein rationaler Text wäre zu leblos, als dass er den Leser zum Umdenken anregen würde. Fried und Eichendorff schaffen es meiner Meinung nach in ihren Gedicht, einen guten Kompromiss zwischen expressiven und persuasiven Zügen zu finden.